DE L'ORIGINE

ET DU PROGRE'S

DES CHARGES

DE

SECRETAIRES D'ETAT.

(par M. Briquet.)

Melior est sapientia quam arma bellica.
Eccles. 9. v. 18.

A LA HAYE,

Chez N. PAUPIE.

1747.

D'après la bibliothèque du P. Le Long,
l'auteur de cet ouvrage est nommé
Briquet ; le lieu de l'impression
est indiqué à Paris.

AVIS
DE L'EDITEUR.

LE voyage d'un de mes amis en France m'a procuré cette Dissertation. Le rang qu'il tenoit dans notre Province lui donna bientôt entrée dans les meilleures Maisons de Paris, sur tout chez les Gens de Lettres & les amateurs de l'Histoire de France, pour laquelle il avoit un goût décidé ; il en fit pendant son séjour une étude particuliere ; il ramassa soigneusement les différents Ouvrages, tant imprimés que manuscrits qui con-

cernent cette importante Histoire.

Ses perquisitions à cet égard lui procurerent le morceau de Littérature que nous donnons au Public.

Sans décider sur le mérite de ce Manuscrit, que nous croyons faire partie de l'Histoire de France, nous pouvons cependant assurer qu'il part d'une plume très distinguée, & que cet Ouvrage, par sa précision & son exactitude, donnera à l'Auteur un rang aussi marqué parmi les Gens de Lettres, que celui dont il est en possession dans le Monde Militaire.

DE

DE L'ORIGINE ET DU PROGRE'S DES CHARGES DE SECRETAIRES D'ETAT.

Lettre à M.

ON ne peut donner, MONSEIGNEUR, une origine plus naturelle aux fonctions des Secretaires d'Etat, que l'origine même de la Monarchie, puiſqu'elles conſiſtent à notifier la volonté de nos Rois, & qu'ainſi elles ſont inſéparables de leur Gouvernement. Cependant elles ont été exercées dans des circonſtances & ſous des titres ſi différens, que pour avoir une idée juſte du commencement & du progrès de ces grandes Charges, il faut néceſſairement examiner les changemens arrivés au Gouvernement, & ſuivre pour ainſi dire leurs fonctions au travers des révolutions qui ont ſi ſouvent changé la face des affaires.

Les Gaules étoient depuis quelques ſiécles au pouvoir des Romains, quand les Gots & autres Peuples de Scythie gagnerent ſur Décius cette fameuſe bataille qui rompit de ce côté-là les Digues de l'Empire, & donna lieu à une infinité de Nations, dont les noms avoient été jusqu'alors inconnus, de se répandre dans les Pays de sa domination.

Les Gots, les Alains, les Suéves, les Vandales pénétrerent en Italie, en Aquitaine, en Espagne; les Bourguignons occuperent les Pays que comprennent aujourd'hui l'Alsace & la Bourgogne; à leur exemple les Saliens, les Bructeres, les Sicambres & autres Peuples de Germanie, ligués sous le nom de Francs, passerent le Rhin, & établirent successivement leur puissance dans les Gaules sur les débris de celle de Rome.

Ce fut en 418. que ces derniers, sous le commandement de Pharamond, étant partis des environs de Cologne, entrerent en Conquérans dans les Gaules, & y jetterent les fondemens d'une Monarchie qui étendit bien-tôt ses bornes jusqu'aux Pyrenées.

Dans ces commencemens, MONSEIGNEUR, la Nation Françoise n'étoit qu'une armée d'Etrangers qui cherchoient à s'établir par la force des armes, & qui s'étoient choisis un Chef pour les mener à la guerre : ils n'avoient nulle idée des Sciences, l'écriture leur étoit même inconnuë. Guyemans voulant faire entendre à Childeric que ses Sujets étoient disposés à lui rendre sa Couronne, lui envoya la moitié d'une piece d'or dont le Roi avoit gardé de concert l'autre moitié ; une lettre auroit été une voye plus commode & plus ſûre, ſi elle eut été connuë : toutes leurs loix ſe réduiſoient au bon ſens, & à certaines coutumes exactement obſervées ; point d'autre domicile que le Camp, nulle autre vûë que le butin. Un ſoldat, dit l'Hiſtoire, [1] preſſé par Clovis de rendre un Vaſe Sacré, ſoutint qu'il devoit être mis à la maſſe du pillage, & le briſa d'un coup de hache : le Roi fut obligé de diſſimuler ; mais quelque tems après il tua ce ſoldat dans un jour de revûë, ſous prétexte que ſes armes n'étoient pas en bon état. De ce trait on peut

1 Greg. de Tours.

juger quel étoit alors l'esprit de la Nation & le pouvoir du Chef.

Cette Armée devenuë maîtresse des Gaules, & accruë d'un grand nombre de Gaulois & de Romains, commença pour lors à s'établir; partie des Terres conquises furent distribuées aux Chefs & aux soldats, à condition de servir toujours à la guerre; l'autre partie fut laissée aux anciens habitans, moyennant quelques redevances annuelles. Quant à la forme du Gouvernement, un seul Officier étoit chargé dans chaque Province de mener à la guerre tous les Vassaux de sa dépendance, de recevoir les revenus du Roi, & de rendre la justice, ou par lui, ou par des Juges inférieurs qu'il commettoit,

Ces Officiers étoient appellés Comtes, parce qu'ils étoient choisis par le Roi parmi les Seigneurs qui l'accompagnoient, & qui jugeoient avec lui toutes les affaires qui étoient portées au Palais.

Comme tant de pouvoir réuni pouvoit donner lieu à des véxations, le Roi députoit tous les ans un autre Comte avec un Evêque pour faire des tournées dans chaque canton, y recevoir les plaintes des Peuples, examiner la capacité des Juges, & veiller à ce que tout se passât dans l'ordre. On les appelloit les Envoyés du Roi.

Tous ces différens Officiers étoient subordonnés au Maire du Palais, qui étoit après le Roi la premiere personne de l'Etat. Sa puiſſance, qui dès ſon origine étoit immenſe, s'accrut de maniere ſous la minorité de Clovis II. que les Maires du Palais connurent pour lors abſolument de la Paix, de la Guerre, de la Juſtice & des Finances; ils confererent les Bénéfices, ſe firent Tuteurs des Rois, les dépoſerent, les jetterent dans des Cloîtres. En un mot, dit un Hiſtorien [1] de ces premiers tems, toute la puiſſance du Royaume étoit entre leurs mains, le Roi ne paroiſſoit qu'une fois l'année ſur un chariot traîné par deux bœufs pour recevoir les préſens des Peuples; mais enſuite c'étoit le Maire du Palais qui don-

[1] Annales de Mayence.

noit les ordres ſur ce qu'il y avoit à faire dans le courant de l'année.

Pour venir préſentement, MONSEIGNEUR, à ceux qui étoient chargés de l'expedition de ces ordres, & aux formalités qu'on y obſervoit, vous remarquerez, s'il vous plaît, que le ſeing manuel n'étoit point alors en uſage, & que pour y ſuppléer, chaque particulier avoit un anneau gravé dont il imprimoit la figure ſur ce qu'il faiſoit écrire par des Ecrivains deſtinés au ſervice public, tels que les Notaires, Tabellions & Greffiers d'aujourd'hui.

Cette maniere de ſignature n'étoit pas particuliere aux François, Pharaon voulant témoigner à Joseph [1] sa reconnoissance pour la conservation de l'Egypte, lui confia l'anneau dont il avoit coutume de signer : l'anneau étoit aussi en usage chez les Juifs, & y avoit tant de force, que la mort de Naboth fut l'effet d'une lettre écrite par Jésabel, [2] au nom & à l'insçu d'Achab, & qu'elle avoit scelée de l'anneau de Roi ; l'on sçait enfin qu'Auguste envoyoit à Mecenas & Agrippa [3] toutes les lettres qu'il écrivoit au Sénat pour les lire, & qu'après y avoir changé ce qu'ils jugeoient à propos, ils les signoient de l'anneau que l'Empereur leur avoit confié.

---

1 Joseph L. 2. Ch. 3. & Genese Ch. 41.
2 Liv. des Rois, Ch. 21. vers. 8.
3 Dion. L. 51.

On pourroit, MONSEIGNEUR, rassembler une infinité d'autres exemples, mais ceux-ci suffisent pour faire voir que chez les Juifs, en Egypte, chez les Romains, l'anneau faisoit autant d'effet que les signatures dont on se sert aujourd'hui : c'étoit la même chose en France, & il nous reste une infinité de Chartres des Rois de la premiere Race, où il ne paroît d'autre marque de leur volonté que l'impression de leur Anneau, ou de leur Sceau ; ces deux termes sont synonimes dans tous nos anciens Auteurs ; le Sceau dont on se sert pour les Bulles de Rome, s'appelle même encore l'Anneau du Pécheur. En France le dépositaire de l'Anneau Royal étoit le grand Référendaire[1] ; c'étoit lui qui rapportoit au Roi ou au Maire du Palais les Requêtes qu'on présentoit, qui recevoit leurs ordres sur les expeditions qu'il y avoit à faire, & qui donnoit la force nécessaire à ces expeditions, en y imprimant l'Anneau : comme il falloit nécessairement qu'il fut Homme de Lettres, on étoit obligé de le choisir parmi les Gens d'Eglise, à qui elles étoient affectées à l'exclusion de tous les autres. Aussi trouvons-nous une longue suite de Référendaires dans les premiers tems de cette Monarchie, tous Evêques, la

---

1 Aymonius Lib. 4. de Gestis Franc. Cap. 41.

plûpart même d'une doctrine ſignalée. La ſcience étoit alors ſi particuliere au Clergé, que Homme de Lettres & Clerc ſignifioient la même choſe.

Les fonctions de ce grand Référendaire bien examinées, étoient les mêmes que nous retrouvons aujourd'hui dans les Secretaires d'Etat; l'un notifioit la volonté du Roi par l'impreſſion de l'Anneau, les autres la font connoître par la ſouſcription de leur nom; mais au fond ces deux formalités ne doivent point être regardées comme différentes, puiſqu'elles ont produit ſucceſſivement le même effet.

Sous la ſeconde Race de nos Rois, il y eut, MONSEIGNEUR,

de grands changemens dans le Miniſtere; comme la Charge de Maire du Palais leur avoit ſervi de dégré pour monter au Trône, leur premier ſoin fut de l'abolir. Adhalard, Abbé de Corbie, composa par ordre de Charlemagne un Livre intitulé l'Ordre du Sacré Palais; nous y voyons quels étoient les principaux Officiers de la Cour de ce Prince, & les affaires dont ils étoient chargés; il donne le premier rang à l'Apocriſaire, le grand Chancelier vient enſuite, & après lui le Comte du Palais, tous les autres Officiers dont il parle n'ont aucun rapport au ſujet dont il s'agit.

L'Apocriſaire, qu'on nommoit encore Chapelain & Garde du

Palais, étoit chargé ſans aucune exception de toutes les Affaires Eccleſiaſtiques, & le Comte du Palais de toutes les ſéculieres : la Juſtice de tout le Royaume étoit ſous la puiſſance de ce dernier ; il connoiſſoit des appellations qu'on interjettoit des Comtes ou de leurs Vicaires, & les jugeoit en ſon Conſeil. Entre un nombre infini d'occupations dont il étoit chargé, ſa principale étoit (dit l'Abbé Ad-halard) de décider avec juſtice & raiſon toutes les conteſtations que portoient au Palais du Roi ceux qui ſe plaignoient des Juges de Provinces, & de faire enſorte, par ſon équité & ſon attention continuelle à l'obſervation des Loix, de plaire également à Dieu & aux hommes.

Le Chancelier, comme vous voyez, MONSEIGNEUR, n'étoit point alors le Chef de la Juſtice diſtributive comme il l'eſt aujourd'hui ; cette qualité appartenoit toute entiere au Comte du Palais, qui cependant ne marchoit qu'après lui. Ce n'eſt donc point de ce côté-là qu'il faut chercher la ſource des prérogatives de tout tems attachées à la Charge de Chancelier : après quelques obſervations, il ſera aiſé de la trouver dans les fonctions de Secretaire d'Etat.

Sous le Gouvernement de Rome, chaque Préfet ou Gouverneur de Province, entre autres Officiers, en avoit de trois ſortes ; les uns pour minuter les Expéditions

tions judiciaires, tels que ſont aujourd'hui nos Greffiers.

D'autres mettoient ces Expeditions au net dans des Regiſtres.

Les troiſiémes, appellés Chanceliers, les mettoient en forme, les ſouſcrivoient & les délivroient aux Parties.

Le nom de ces Chanceliers venoit de ce qu'ils écrivoient ces Expeditions dans des Bureaux fermés par des barreaux à jour appellé *cancelli*, précaution apparamment établie, afin qu'étant expoſés aux yeux du public, ils ne puſſent abuſer de leurs fonctions.

Ils étoient originairement inférieurs aux deux autres eſpeces d'Officiers que nous venons de nommer; cependant comme les

Parties n'avoient à faire qu'à eux pour les actes dont ils avoient besoin, ils devinrent par la suite les plus considerés, quelques-uns même passerent du service des Préfets à celui des Princes, & s'y distinguerent de façon, que sur la fin du 3e. siécle, l'Empereur Carinus donna la Préfecture de Rome à un de ses Chanceliers ; il est vrai que l'Historien [1] qui nous l'apprend, remarque que ce choix parut extraordinaire.

Avant cet exemple, nous ne voyons point que les Chanceliers eussent été en aucune considération ; mais comme par la suite les Princes continuerent de se servir

---

1 Ropiseus.

de Chanceliers dans les affaires du Miniſtere, cette dignité s'augmenta dans Rome à un tel point, que lorſque Theodoric y établit le Royaume des Gots ſur la fin du cinquiéme ſiécle, Caſſiodore, ſon grand Chancelier, y tenoit après lui le premier rang.

Je dis dans Rome, parce que le ſort des Chanceliers ne fut pas ſi heureux à Conſtantinople, où le Siége de l'Empire avoit été transferé près de deux ſiécles auparavant, ils reſterent comme dans leur établiſſement attachés aux Juges des Provinces, & les Empereurs continuerent de ſe ſervir pour leurs Expeditions d'une Compagnie de Notaires-Secretaires, diviſés en quatre Bureaux, dont l'un [1] étoit chargé des Mémoires, le ſecond des Lettres, [2] le troiſiéme des Requêtes, & le quatriéme des Commandemens; ces quatre Bureaux avoient chacun à leur tête un Tribun, & ces Tribuns étoient réunis ſous un Chef commun, appellé Primicere, qui étoit ſubordonné au Queſteur du Sacré Palais.

Cette digreſſion ne ſera pas inutile par la ſuite, mais pour ne point perdre de vûë nos Chanceliers, il faut ſuivre l'inſtruction que Theodoric donne à ce même Caſſiodore. Vous devez, lui dit-il, garder avec une entiere fidélité

1 Lamprid.
2 Cod. tit. de proxim. Sacri Scrinnii.

les ſecrets de notre Conſeil ; c'eſt par votre moyen que doivent nous approcher ceux qui auront recours à nous ; vous devez nous rendre compte des Requêtes qui nous ſeront préſentées, expedier nos Ordres ſans aucune vûë intéreſſée : En un mot, vous conduire en tout d'une maniere à rendre notre Juſtice recommandable. Et pour l'exciter de plus en plus à ſuivre cette inſtruction, faites attention, lui dit ce Prince, au nom que vous portez, & au lieu où l'Antiquité vous a placé, les barreaux [1] dont il eſt entouré laiſſent la liberté de voir ce que vous y faites : vous avez beau vous renfermer, vous

1 Caſſ. lib. Ep. 1.

ne pouvez éviter de vous ouvrir à tout le monde : hors de votre Bureau, vous travaillez sous mes yeux, & quand vous y êtes, vous vous trouvez sous ceux du Public.

Ce passage bien entendu, vous fera voir, MONSEIGNEUR, deux fonctions dans le Chancelier ; l'une publique, qui s'exerçoit dans un lieu fermé de barreaux ; l'autre secrete, qui n'avoit que le Roi pour témoin, ou pour s'expliquer encore plus clairement, il expedioit à la vûë de tout le monde les Lettres du Roi qui devoient être publiques, & dans le Cabinet du Roi celles qui devoient être secretes. J'oserois même dire que de cette différence de fonctions est venuë celle qui ſe remarque de nos jours dans la ſignature des Secretaires d'Etat, qui ne mettent que leur nom & paraphe ordinaire au bas des Expeditions cenſées ſecretes, & qui ajoutent une grille en forme de treillis ou de barreaux à celles qu'en Chancellerie on appelle Patentes, & qui devoient, ſuivant ce qu'on vient de dire, s'expedier autrefois en public; outre cette ſignature grillée, les Notaires & Tabellions, dont les fonctions conſiſtent à notifier la volonté des particuliers, comme celles des Secretaires d'Etat à notifier la volonté du Roi, ont encore conſervé l'uſage des barreaux ou grilles dans les lieux deſtinés à leur travail.

Les choſes étoient dans l'état qu'on vient de remarquer, lorſque Charlemagne, après avoir pouſſé ſes conquêtes en Italie & en Allemagne, & connu également l'ordre établi dans le Gouvernement de Rome & de Conſtantinople, prit partie de l'un & de l'autre, en donnant au ſien la forme dont nous avons parlé.

Ce que je vous ai rapporté [1], MONSEIGNEUR, du Queſteur & du Chancelier, ſuffit pour faire voir qu'ils avoient préciſément les mêmes fonctions que celles de nos Secretaires d'Etat ; la diſtribution & les détails de la Juſtice conten-

1 Ann. de Laureshaim ſous l'an 801. Id. ſous l'an 808.

tieuse, ne les regardoient ni l'un ni l'autre. Il est vrai que les Loix & les Rescripts du Prince, qu'on regarde avec raison comme la base de cette Justice, n'avoient de force qu'après qu'ils y avoient mis la souscription ou le Sceau; mais cette fonction même, dont l'effet consistoit à certifier & faire connoître la volonté du Prince, n'étoit qu'une dépendance du Secretariat : aussi lisons-nous dans Adhalard, que le Chancelier de France étoit appellé Secretaire, & qu'il avoit sous lui, à l'instar du Questeur, une Compagnie de Notaires-Secretaires, composée de gens sages, habiles & fidéles, qui écrivoient les ordres du Roi, & qui gardoient exactement les secrets qui leur étoient confiés : quoique subalternes, ils étoient si considerés que Charlemagne choisit Archambault & Rutfroy, tous deux ses Notaires, le premier pour aller assembler une flotte sur la côte de Gennes, & l'autre pour remplir l'Ambassade d'Angleterre ; & qu'Eginart, qui l'étoit aussi, eut l'honneur de devenir son gendre.

Cette considération n'étoit pas nouvelle, Auguste avoit créé par le conseil de Mécenas, une Compagnie de Notaires-Secretaires, en laquelle il n'avoit admis que des [1] Chevaliers, & cette qualité leur avoit été si particu-

1 Dion. Cassius. 152.

lierement attachée, que dans les Régles qui leur furent prefcrites par la fuite pour leurs Expeditions, les Contrevenans [1] étoient menanacés d'en être dégradés.

Caffiodore remarque auffi que cet honneur ne s'accordoit qu'à des perfonnes d'une grande diftinction, parce qu'il ne convenoit pas que le fecret de l'Etat fut confié à gens en qui l'on put trouver quelque chofe à reprendre.

Le Chancelier fit donc fous la feconde Race ce que le Référendaire faifoit fous la premiere, & eut à fon exemple des Notaires pour l'aider dans les Expeditions dont il étoit chargé.

---

1 Cod. leg. ult. de diverfis Refcript.

A l'égard des formalités qui s'obſerverent dans ces Expeditions, nous avons remarqué que l'impreſſion de l'Anneau en faiſoit toute la force ſous nos premiers Rois. Par la ſuite les Référendaires y mirent de leur main une ſuſcription ou une eſpece de Certificat, par lequel il paroiſſoit que c'étoit eux qui les avoient écrites. Il y eut ſous la ſeconde Race d'autres précautions.

Les Sciences étoient devenuës à la mode ſous Charlemagne, l'écriture par conſéquent plus commune : ce fut pour lors qu'on commença à établir le ſeing manuel. Il y avoit déja long-tems que les Empereurs Romains mettoient ces quatres lettres au bas de leurs Ordonnances A. A. M. D. *Augusti manu Divina*. Ils les écrivoient même avec une liqueur couleur de pourpre, dont il étoit défendu à tous autres de se servir, sous peine de crime de Leze-Majesté. A cette formalité l'Empereur Justin en avoit ajouté une autre, en ordonnant qu'elles seroient souscrites de la main du Questeur. Ce fut à peu près la même chose sous Charlemagne, il n'avoit pas l'habitude d'écrire, mais il apprit à faire une espece de chiffre en forme de croix, qui contenoit toutes les lettres de son nom, & le mettoit de sa main au bas des Expeditions. Ses Successeurs continuerent à se servir d'un pareil Monogramme. Voici les Figures de celles de Charlemagne, de Charles le Chauve, & de Louis le Débonnaire.

	1		3		2	
	R		R		D	
C —	◇	— S Y —	◇	— S L —	◇ I	— S
	L		L		C	

Carolus. Ludovicus.

Ceci servira à entendre la fin des Chartes de ce tems-là. En voici le Formulaire : *Et ut hæc firma, & inconvulsa permaneant memoriale istud fieri & nominis sui caractere & sigillo signari & præsente propria manu, sua cruce Sancta corroborari*

---

1 Charlemagne.
2 Louis le Débonnaire.
3 Charles le Chauve.
Eginard dans la Vie de Charlemagne.

præcepit. On ne les dattoit point encore par les années de l'Ere Chrétienne, l'uſage n'en a commencé que ſous Louis le Gros.

La Langue de la Nation étoit la Tudeſque ou Allemande, Charlemagne en fit même commencer une Grammaire ; cependant comme la Latine étoit plus univerſellement reçûë, on continua de s'en ſervir juſques bien avant dans la troiſiéme Race ; & c'eſt de cette Latine corrompuë qu'eſt venuë celle que nous parlons aujourd'hui.

Après la ſignature de l'Empereur, ſuivoient celles des Princes-Officiers de la Couronne, car il n'y avoit que des Princes qui le fuſſent ; elles étoient faites en chiffre & non en croix, & le Chancelier les diſtinguoit par ces mots qu'il mettoit à côté S. c'eſt-à-dire,

Signum) *Theobaldi Dapiferi.*
S. Mathæi Camerarii.
S. Guidonis Buticularii.
S. Radulphi Conſtabularii.

Et au bas il ajoutoit, *Data per manum N. Cancellarii*, ou s'il n'y avoit pas de Chancelier, *Data per manum N. ad vicem N. Cancellarii*, ou bien *vacante Cancellaria.* C'étoit toujours un Notaire qui le repreſentoit, & qui par conſéquent exerçoit ſous lui ou à ſon défaut les fonctions de la Chancellerie ou du Secretariat. Sous la troiſiéme Race les choſes continuerent ſur le même pied, les

Chartes

Chartes furent ſignées par le Sénéchal, le Chambellan, le Bouteiller & le Connétable conjointement avec le Roi, & délivrées à l'ordinaire par le Chancelier, ou par un des Notaires.

Lorſque ces Chartes établiſſoient dans le Royaume une loi générale, elles étoient ſignées quelquefois par un plus grand nombre de Seigneurs; nous avons même un Réglement de Philippe Auguſte ſur les Fiefs du premier Mai 1210. dans lequel ceux qui y ſont nommés prononcent & ſignent avec le Roi. Les Lettres commencent ainſi: Philippe par la grace de Dieu, Roi de France, le Duc de Bourgogne, Hervé Comte de Nevers, Regnauld Comte de Bologne, G. Comte de Saint-Paul, G. de Dampierre, & plusieurs autres Seigneurs du Royaume de France, sont convenus & ont réglé d'un consentement unanime que, &c. Et à la fin sont les Sceaux du Roi & de tous ces Seigneurs.

Le Seing manuel avoit commencé avec l'usage de l'écriture; mais il ne fut de long tems regardé comme suffisant pour la perfection d'un Acte, & le Cachet ou le Sceau passoient toujours par une ancienne tradition pour la preuve certaine de la volonté. Saint Bernard, [1] qui vivoit au commencement du onziéme siécle, s'excuse

---

1 Ep. 330. & 339.

dans quelques-unes de ſes Lettres de ne les avoir pas ſignées, parce qu'il n'avoit pas ſon cachet en main, & ajoute que ſon ſtile fera aſſez connoître qu'elles ſont de lui; & dans une autre qu'il écrit au Pape Eugene, il ſe plaint qu'on en a fait courir pluſieurs fauſſes ſous ſon nom, ſcellées d'un cachet falſifié; [1] il l'avertit en même tems qu'il ſignera dorénavant ſes Lettres d'un nouveau cachet, contenant ſon portrait & ſon nom.

Vous voyez, MONSEIGNEUR, que juſques-là toutes les Expeditions d'Etat devoient néceſſairement paſſer par la main du Chancelier; le Sceau tenoit encore

---

1 Ep. 284.

lieu de la ſignature du Roi, & il en étoit ſeul dépoſitaire. D'ailleurs, comme Chef des Notaires-Secretaires, il recevoit les Ordres du Roi ſur toutes les Expeditions, & les autres Secretaires n'y étoient employés, pour ainſi dire, qu'en qualité de ſes Commis.

La facilité de Louis le Débonnaire & de Charles le Chauve, a rendu les grandes Charges héréditaires; & le partage que le premier avoit fait du Royaume, donna moyen à ceux qui étoient pourvus des Gouvernemens d'Aquitaine, de Bourgogne, de Normandie, de Flandres, de Champagne & de Toulouſe, de ſe rendre par la ſuite indépendans, & de réduire l'Etat dans une eſpece d'Anarchie, qui dura près de deux cens ans.

Le Roi Robert, ſuivant la plus commune opinion, pour rappeller tous les Grands à ſon parti, & les remettre en quelque maniere dans ſa dépendance, forma un Conſeil environ l'an 1020. dans lequel ils devoient juger avec lui en qualité de ſes égaux les affaires qu'ils auroient réciproquement les uns avec les autres, & regarderoient en général les droits de la Couronne.

Pour rendre dans ce Conſeil ſon parti conſidérable, il joignit à ces ſix Pairs Séculiers, ſix Pairs Eccléſiaſtiques, dont les Evêchés étoient ſitués dans les Terres de ſon Domaine, & qui par conſéquent lui étoient dévoués. Louis VIII. par cette même maxime, ordonna dans un Procès pendant en ce Conſeil, entre la Comteſſe de Flandres & le Seigneur de Nivelle, que le Chancelier, le Bouteiller, le Chambellan & le Connétable jugeoient conjointement avec les Pairs. [1]

Ce fut pour-lors que les Chanceliers, élevés en quelque maniere au rang des Souverains, négligerent le Secretariat d'Etat, dont ils avoient toujours été chargés; qu'ils ſe donnerent tout entiers aux affaires de la Juſtice, qui ſe multiplioient de plus en plus; & qu'au lieu de la ſubſcription or-

---

1 Cet Arrêt fut rendu au Louvre en 1224.

dinaire, ils ſe contenterent de ſigner avec les grands Officiers de la Couronne, laiſſant aux Notaires-Secretaires le détail de leurs anciennes fonctions, avec quelque réſerve cependant de ſupériorité. Guerin, Evêque de Senlis, Chancelier de France ſous Philippe Auguſte & Louis VIII. & premier Miniſtre de ces deux Rois, peut être regardé comme celui des Chanceliers qui a ceſſé le premier d'être Secretaire d'Etat.

Après ſa mort le Parlement, qui juſques-là n'avoit été que l'Aſſemblée des Seigneurs & de quelques Députés que les Provinces envoyoient deux fois l'année à la ſuite du Roi, tel à peu près que nous le voyons en Angleterre, fut rendu fixe, & confondu avec le Confeil des Pairs; le Chancelier y eut féance avec eux, & comme cette nouvelle fituation l'occupant de plus en plus, l'empêchoit de faire une réfidence continuelle à la Cour, les Notaires en profiterent de façon qu'ils travaillerent directement fous les Ordres du Roi.

Philippe le Bel, par un Réglement de 1309. ordonna qu'il y eut toujours près de fa perfonne trois Clercs du fecret, & vingt-fept Clercs & Notaires.

Dans l'Ordonnance de l'Hôtel de Philippes le Long en 1316. il fut réglé qu'il y auroit à fa fuite trois Notaires, dont un Secretaire & deux autres dont l'un de fang, ſur quoi il faut remarquer que la qualité de Secretaire dépendoit d'une Commiſſion particuliere ajoutée à celle de Notaire ; celui qui travailloit aux Dépêches ſecrettes, étoit Notaire-Secretaire, le Notaire des affaires Criminelles, le Notaire de Sang ; & ceux qui tenoient les Regiſtres des Délibérations du Conſeil & du Parlement, Notaires du Conſeil.

Tous ces Notaires ſuivant le Roi étoient choiſis parmi les autres, dont le nombre ſe trouve fixé à cinquante-neuf par Ordonnance du Roi Jean de l'année 1361. quoique compris tous enſemble ſous le titre de Notaires, ils n'avoient pas cependant ni la même autorité, ni les mêmes fonctions.

Pour éviter la confuſion qui auroit pû s'introduire dans les Finances ſi le Roi les avoit tous employé à l'expédition de ſes Mandemens, le pouvoir de ſigner en Finances fut reſtraint à un petit nombre, & de ce petit nombre choiſi furent tirés les Secretaires d'Etat.

Sous Charles V. en 1365. il y eut onze Secrétaires des Finances; Charles VI. en fit douze en 1381. & par un Réglement de 1413. il ordonna qu'ils ſeroient toujours tirés de la Compagnie des Notaires, ce qui s'eſt depuis ſi exactement obſervé que M. de Chavigny Secretaire d'Etat fut obligé en 1633. ſur les remontrances de cette Compagnie, d'y prendre une

Charge pour autoriſer ſa ſignature dans les Lettres de Chancellerie ; il eſt vrai que depuis très-long temps nos Rois n'ont point choiſi dans ce Corps les Secretaires d'Etat comme dans l'origine ; mais c'eſt toujours pour lui un honneur bien conſidérable de voir que les Pourvûs de ces grandes Charges doivent y être agrégés.

Les défenſes de ſigner en Finances n'ayant pas été exactement obſervées par les ſimples Notaires, Charles VII. par un Réglement du 4 Septembre 1443. ordonna que le Receveur Général ne ſeroit reçu à compter à la Chambre des Comptes, que ſur des Rôles & états ſignés de la main du Roi, & d'un des Secretaires ordonnés au fait des Finances. Et par un autre poſtérieur [1] ce même Prince défendit à ſes Secretaires tant d'Etat que des Finances, de ne plus expédier à l'avenir aucunes Lettres, Cloſes ni Ordonnances particulieres aux Officiers comptables pour changer les Aſſignations données ſur eux. Je ne rapporte, MONSEIGNEUR, ce dernier Réglement que pour faire voir que la qualité de Secretaire d'Etat n'eſt pas auſſi nouvelle que quelques Auteurs l'ont avancé, & qu'elle étoit différente de celle de Secretaires des Finances.

Les Secretaires d'Etat ſignoient alors mutuellement les Chartes,

---

1 Du 4 Mai 1464.

& au lieu de la formalité qui s'obſervoit au commencement de la troiſiéme Race de les faire ſigner auſſi par les grands Officiers de la Couronne, on nommoit ſeulement à la fin quelqu'un de ceux en préſence deſquels elles avoient été accordées.

Sous Louis XI. le nombre des Notaires & des Secretaires s'augmenta conſidérablement ; comme il faiſoit ſes affaires par lui-même, il s'embarraſſa peu du choix de ceux qu'il y employoit ; ſouvent dans ſes voyages il faiſoit contreſigner ſes Dépêches par le Notaire du lieu, & Brantôme nous apprend que dans plus de cent Lettres que le Sénéchal de Poitou ſon Ayeul avoit reçu de ce

Prince, il ne s'en trouva pas dix ſouſcrites d'un même Secretaire : Il arriva auſſi lorſque ce Prince donna la Guyenne en appanage à ſon frere par Lettres Patentes de l'an 1469. que ces Lettres ayant été ſignées par un de ſes Notaires, qui n'avoit pas pouvoir de ſigner en Finances, il en fallut de nouvelles pour les faire valider.

Louis XII. réduiſit le College des Notaires au nombre de cinquante-neuf, pour avec lui faire ſoixante. L'Edit donné au Pleſſis-les-Tours au mois de Novembre 1482. détaille ſi parfaitement leurs fonctions, que je crois ne pouvoir rien donner de plus inſtructif ſur cette matiere qu'un Extrait même de cet Edit rapporté dans ſes propres termes.

Tout ainſi, dit ce Prince, que J. C. Roy des Roys de la Terre, après ſa Paſſion, introduiſit les Apôtres par l'infuſion du S. Eſprit, & leur inſpira d'enſeigner les Evangéliſtes comme vrays & approuvés Notaires, pour rédiger par Ecriture ſolemnelle ſes ſaints Commandemens, de même après qu'il a plu à Dieu de prendre les Roys nos Progéniteurs & le Royaume de France en ſi ſpéciale élection, qu'il envoya par ſes Anges à Clovis la ſainte Onction, & les éleut à telle dignité que ſur tous autres ils ont héréditairement le nom de Très-Chrétien. Noſdits Progéniteurs, à l'exemple ſuſdit, choiſirent pour le bien de la choſe publique, certaines perſonnes notables, de grande ſcience, vertu & expérience, ſeurs

& ſtables, de loüable renommée & très-aprouvée connoiſſanee & eſtimation juſqu'au nombre de 59. qu'ils conſtituerent pour rédiger par écrit & par ſignature & atteſtation en forme duë, les choſes ſolemnelles & autentiques qui ſeroient faites, commandées, ordonnées, conſtituées & établies par les Roys de France & leurs ſucceſſeurs, ſoient Livres, Regiſtres, Concluſions & Déliberations, Loix, Conſtitutions, Pragmatiques Sanctions, Edits, Ordonnances, Conſultations, Chartes, Dons, Conceſſions, Octroys, Privileges, Mandemens, Commandemens, Proviſions de Juſtice ou de grace; auſſi pour faire approuver par ſignature tous les Mandemens, Chartes & Expéditions quelconques faits en Chancellerie,

Chancellerie, pareillement pour enregistrer les Déliberations, Conclusions, Arrests, Jugemens, Sentences, & Prononciations de nosdits Progeniteurs ou de leurs Conseils, des Cours de Parlement & autres usans sous lesdits Roys d'autorité & de Jurisdiction Souveraine, & généralement toutes Lettres, Closes & Patentes, & autres choses quelconques touchant les faits & affaires des Roys de France, de leur Royaume, Pays & Seigneuries. Iceux ainsi choisis (ajoute ce Prince) nosdits Progeniteurs nommerent quatre leurs Clercs, Notaires & Secretaires comme ceux qu'ils vouloient & entendoient être présens & perpetuellement appellés, ou aucuns d'eux, pour écrire & enregistrer leurs plus grands, plus spé-

ciaux & plus ſecrettes affaires ; auſſi pour accompagner les Chanceliers de France, être & aſſiſter eſdites Chancelleries, aſſiſter au Grand-Conſeil & Cours de Parlement pour écrire & enregiſtrer tous Arreſts, Jugemens & Expéditions qui s'y feroient.

La diſpoſition de cet Edit eſt une preuve, MONSEIGNEUR, que les Notaires-Secretaires employés aux affaires d'Etat étoient fixés depuis long tems au nombre de quatre, qu'ils étoient ſeulement chargés des Expéditions les plus ſecrettes, & que les autres Notaires expédioient indifféremment toutes celles qui ne l'étoient pas, à l'exception cependant de celles de

Finances, qui comme nous l'avons déja remarqué, étoient attribuées à des Secretaires particuliers, la signature manuelle étoit pour lors en sa force ; ainsi celle des Secretaires faisant une preuve complette de la volonté du Roi, l'apposition du Sceau, qui dans son origine tenoit lieu de cette signature, devint une simple formalité que les Chanceliers, toujours Chefs de la Compagnie des Notaires, se réserverent pour se maintenir dans leur ancienne supériorité.

Les affaires réservées aux Secretaires d'Etat n'étoient point encore séparées entr'eux, & ils expédioient également celles dont le Roi les chargeoit : mais Henry II. par ses Lettres Patentes de

1547. données en présence du Connétable de Montmorency, régla que toutes les Expéditions & Dépêches d'Etat seroient faites par Guillaume Bochetel, Cosme Close, Claude de l'Aubespine, & Jean du Tiers, chacun dans les lieux & Provinces qu'il leur avoit assignés par un Réglement du 1[r] Avril de la même année ; suivant lequel ils se mêloient tous quatre de la Guerre & des affaires étrangeres dans l'étendue de leur Département. *Nous avons* (*dit ce Prince dans l'Enoncé de ces Lettres Patentes*) *fait choix de quatre nos amés & féaux Conseillers-Secretaires de nos Commandemens & Finances pour signer les Expéditions & Dépêches d'Etat.* Ce qui renferme tous les titres que les Secretaires d'Etat prennent aujourd'hui.

Depuis ce Réglement, il ne fut plus mention dans les Chartes de ceux en préſence de qui elles avoient été données; les Secretaires d'Etat, plus maîtres de jour en jour de leurs Expeditions, en furent les ſeuls témoins.

Comme ils étoient toujours à portée de recevoir les Ordres du Roi, toutes les graces qu'il faiſoit, paſſoient par leurs mains, indépendamment du Chancelier, pendant que les autres Notaires attachés près de lui, furent réduits à expedier ſous ſes ordres les ſeules affaires de Juſtice, & tellement exclus par la ſuite de celles du Miniſtere, que le ſeul veſtige qui reſte de la part qu'ils y avoient originairement, eſt l'obligation où ſe trouvent encore aujourd'hui les Secretaires d'Etat, de prendre une Charge dans cette Compagnie.

[1] Juſques au régne d'Henri III. les Mémoires des Particuliers qui avoient des graces à demander, étoient préſentés par les Grands, ou par les Favoris, qui les appuyoient de leur crédit, & ſe faiſoient par-là une Cour & des Créatures.

Les Mémoires ainſi préſentés, étoient renvoyés aux Secretaires d'Etat & au Chancelier pour les

---

1 Davila L. 6. des Guerres Civiles, année 1575.

examiner ; s'ils trouvoient la demande contraire aux régles , ils rejettoient le Mémoire ſans le rapporter : ſi au contraire elle leur paroiſſoit pouvoir s'accorder ſans inconvenient , ils l'enregiſtroient par ordre ſur un rôle qui ſe liſoit au Roi en préſence de ſon Conſeil d'Etat.

Chaque article du Rôle étoit diſcuté dans le Conſeil ; le Roi apoſtilloit de ſa main ceux qui étoient accordés, les autres étoient rayés.

Ces articles accordés étoient tranſcrits ſur un nouveau Rôle appellé contre-Rôle, ou Contrôle, le Chancelier y mettoit le Sceau, & les Secretaires d'Etat faiſoient enſuite leurs Expeditions.

Ce fut en 1575. que Henri III. changea cet ordre d'Expedition, pour conſerver le ſecret du Gouvernement. Il avoit ceſſé d'agiter dans ſon Conſeil d'Etat les matieres les plus importantes ; il ſe contentoit d'en parler dans le Conſeil du Cabinet, compoſé du Chancelier & des Secretaires d'Etat, qui avoit commencé ſous Charles IX. Et afin que ceux qui obtiendroient des graces ne les tinſſent que du Roi ſeul, il ordonna que chaque Particulier lui préſenteroit directement ſon Mémoire, & que lorſqu'il les auroit lûs & apoſtillés à certaines heures, les Expeditions en ſeroient faites par les Secretaires d'Etat, ſans autre examen.

Le premier Janvier 1589. Henri III. après avoir disgracié Messieurs de Villeroy, Pinart & Bruslart, changea l'ancien département, en donnant la Guerre à M. de Revol, & les Affaires Etrangeres à M. Ruzé de Beaulieu, à condition cependant que chaque Secretaire d'Etat en signeroit les Expeditions dans son département.

Les deux autres étoient Messieurs de Gesvres & de Fresne.

Ces quatre Secretaires d'Etat commencerent les premiers à prêter entre les mains du Roi le serment que le Chancelier avoit coutume de recevoir, & acheverent par-là de se soustraire en quelque façon à une superiorité qui leur devenoit étrangere, depuis qu'il avoit renoncé au Secretariat. Ceux qui leur ont ſuccedé juſques à ce jour ſont compris dans l'état que je joint à cette Lettre.

Quoique la Guerre eut été diſtribuée à un ſeul Secretaire d'Etat, & les Affaires Etrangeres à un autre ; cependant chacun des quatre devoit en ſigner les Expeditions dans ſon département ; les inconveniens qui naquirent de ce mêlange, obligerent Louis XIII. de mettre les choſes ſur le pied qu'elles ſont aujourd'hui.

Il ſeroit inutile, MONSEIGNEUR, de détailler tous les changemens qui peuvent être arrivés depuis Henri II. dans la diſtribution des Provinces ; il ſuffit de ſçavoir les départemens tels qu'ils ſubſiſtent aujourd'hui.

Il me reſte à obſerver que tous les Notaires-Secretaires étoient anciennement tenus de dreſſer eux-mêmes les Expeditions qui leur étoient commandées ; mais comme par les ſuites les Dépêches ſe multiplierent au point que les Secretaires d'Etat qui en étoient chargés ne pouvoient y ſuffire, Henri IV. leur permit par une Déclaration du 4. Février 1599. de les faire dreſſer par leurs principaux Commis, qui ſeroient tenus de les parapher, & défendit en même tems aux autres Notaires, qui depuis quelque tems étoient auſſi appellés Secretaires, de ſigner aucunes Lettres qui ne fuſſent dreſſées par eux, ou par leurs

Compagnons. Cette même Déclaration ordonne en général que nul Secretaire ne pourra ſigner des Lettres de Chancellerie qu'il n'ait atteint l'âge de dix-huit ans pour le moins.

Je me contenterai d'ajouter, qu'au commencement de la Régence de Louis XV. la Charge de Secretaire d'Etat, dont étoit pourvû M. le Chancelier Voiſin, fut ſupprimée par Edit du mois de Janvier 1716. & que les Provinces du département furent reparties entre les trois Secretaires d'Etat qui furent conſervés, mais avec une ſuppreſſion preſqu'entiere de leurs fonctions.

Elles paſſerent pour la plus grande partie aux cinq Conſeils, qui furent dans le même tems établis pour les Négociations Etrangeres, pour la Guerre, pour la Marine, pour les Finances, & pour les Provinces de l'intérieur du Royaume. Les affaires relatives à chacun de ces Conseils, y étoient examinées, discutées & décidées; une partie des Expeditions étoit signée du Président & d'un Conseiller, & avoit la même force que lorsqu'elles étoient précédemment signées d'un Secretaire d'Etat: l'autre partie étoit réservée aux Secretaires d'Etat; mais comme ils n'avoient aucune part aux décisions, leur signature étoit une espece de formalité qu'ils ne pouvoient refuser aux Ordres des Conseils.

Les cinq Conseils furent subordonnés à un ſixiéme, qui fut créé ſous le titre de Conſeil de Régence, pour prendre connoiſſance des affaires générales de l'Etat : c'étoit le Tribunal ſuprême du Gouvernement.

Il eſt aiſé de ſentir que dans cette diſpoſition les Secretaires d'Etat n'étoient que les Secretaires des Conſeils ; mais cette éclipſe de Secretariat d'Etat, ne fut pas de longue durée, on reconnut bien-tôt l'embarras, la lenteur & l'indéciſion qui réſultoient de ce nouvel établiſſement. On prévit que le ſecret étoit incompatible avec le grand nombre de ceux à qui il devoit être confié : on s'apperçut d'ailleurs que les graces n'émanant plus directement du

Roi, on retomboit dans l'inconvenient auquel Henri III. avoit remedié par son Réglement de 1575. Enfin trois ans d'expérience obligerent M. le Régent de rapprocher les choses de l'ancien pied.

Sur la fin de 1718. les Conseils des Affaires Etrangeres, de la Guerre, des Finances & de l'intérieur du Royaume, furent supprimés; les trois Secretaires d'Etat qui avoient été conservés en 1716. furent chargés comme anciennement des affaires des Provinces qui leur avoient été departies, & on établit deux nouveaux Secretaires d'Etat par commission; l'un fut l'Abbé du Bois, depuis Cardinal & principal Ministre; l'autre

M. le Blanc, Maître des Requêtes, Intendant de la Flandre maritime. Le premier eut les Affaires Etrangeres ; le second celles de la Guerre. Ils n'eurent l'un & l'autre aucun département de Province ; le Contrôleur Général rentra dans les anciennes fonctions du Miniſtre des Finances. Le Conſeil de la Marine ſubſiſta le dernier ; mais par la ſuite ce département fut rendu au Secretaire d'Etat qui l'avoit avant l'établiſſement des Conſeils.

Le premier Juillet 1723. M. le Blanc fut diſgracié, M. le Marquis de Breteuil lui ſucceda d'abord par commiſſion ; mais le Cardinal du Bois, qui avoit fait ériger ſa Commiſſion en Charge, étant mort

mort au mois d'Août suivant, cette Charge passa à M. de Breteuil, dont la Commission fut supprimée ; & par cet arrangement les Secretaires d'Etat furent réduits au même nombre qu'ils étoient à la mort du feu Roi.

M. de Breteuil se trouva le seul des quatre qui n'eut aucun département de Provinces ; celles qu'avoit eu le Chancelier Voisin, avoient été partagées entre les trois autres ; mais à la mort de M. de la Vrilliere, arrivée au mois de Septembre 1725. les choses furent entierement remises sur l'ancien pied, & on rendit à M. de Breteuil tout ce qu'avoient eu ses prédécesseurs.

Voilà, MONSEIGNEUR, tout

ce que j'ai pû raſſembler ſur une matiere qui n'a point été juſqu'à préſent approfondie. Je laiſſe le ſoin à des Auteurs de profeſſion de la traiter avec plus d'étenduë ; mon ſeul objet en vous préſentant cette ébauche, eſt de faire choſe qui puiſſe vous plaire, & vous marquer mon reſpect & ma reconnoiſſance.

Suite de Messieurs les Secretaires d'Etat qui ont successivement rempli les Charges de Messieurs de Revol, de Ruzé, de Beaulieu, de Gesvres & de Fresne.

Département de la Guerre.

LOUIS de Revol fut fait Secretaire d'Etat le 15. Septembre 1588. & exerça cette Charge jusqu'à sa mort, arrivée le 17. Septembre 1594.

Nicolas de Neuville, Seigneur de Villeroy, qui avoit été éloigné de la Cour en 1589. y fut rappellé à la mort de M. de Revol ; il rentra dans la Charge de Secretaire d'Etat , & en resta pourvû jusqu'au 12. Novembre 1617. qu'il mourut.

Pierre Bruslart , Seigneur de Puysieux son gendre , qui avoit obtenu la survivance le 4. Mars 1606. exerça la Charge conjointement avec lui jusqu'au mois d'Août 1616. qu'il fut éloigné de la Cour , ainsi que M. de Villeroy son beau-pere , par les intrigues du Marêchal d'Ancre.

Claude Mangot , Sieur de Villeran, leur succeda par Commission , & exerça la Charge depuis le 9. Août 1616. jusqu'au dernier Novembre suivant, qu'il fut promû à la Charge de Garde des Sceaux.

Armand-Jean du Plessis de Richelieu, Evêque de Luçon, lui succeda aussi par Commission, & ne l'exerça que jusqu'au premier Mai 1617. que M. de Puysieux fut rappellé.

Les changemens arrivés à la Cour par la mort du Marêchal d'Ancre, engagerent M. de Richelieu de se retirer à Avignon en 1618. Quelque tems après rappellé à la Cour, il obtint le Chapeau de Cardinal le 5. Septembre 1622. & en 1624. Loüis XIII. le nomma son principal Ministre, & Chef de ses Conseils.

Pierre Bruslart, Seigneur de Puysieux, rétabli le premier Mai 1617. en sa Charge de Secretaire d'Etat, l'exerça jusqu'à son entiere deſtitution, qui fut le 4. Février 1624. Il refuſa 200000 liv. que Louis XIII. lui fit inutilement offrir pour donner ſa démiſſion ; mais après ſa mort en 1640. cette ſomme fut payée à ſes héritiers.

Charles de Beauclerc fut pourvû de ſa Charge le 5. Février 1624. & l'exerça juſqu'au 12. Octobre 1630. jour de ſa mort.

Abel Servien lui ſucceda le 11. Décembre 1630. & exerça juſqu'au 26. Février 1636. qu'inſtruit des mauvais offices que lui rendoit le Cardinal de Richelieu, il ſe démit volontairement de ſa Charge entre les mains du Roi, qui lui donna 300000 livres de récompenſe.

François Sublet, Seigneur Deſnoyers, en fut pourvû le même jour 16. Février 1636. & après l'avoir exercé jusqu'au 2. Mai 1642. il se retira volontairement en sa maison de Dangut, qu'il tenoit de la liberalité du Roi : il y mourut au mois d'Octobre 1645.

Michel le Tellier pourvû sur sa démission le 2 Mai 1642. après avoir rempli la Charge pendant trente-cinq ans, fut fait Chancelier de France en 1677. & mourut le 30 Octobre 1685.

François-Michel le Tellier, Marquis de Louvois son fils, qui avoit obtenu sa survivance dès le 13 Décembre 1655. avoit depuis rempli les principales fonctions de la Charge, & les continua jusqu'au 16 Juillet 1691. jour de sa mort.

Louis-Marie le Tellier, Marquis de Barbezieux, second fils du Marquis de Louvois, avoit obtenu sa survivance le 3 Novembre 1685. sur la démission du Marquis de Courtanvaux son frere aîné, à qui elle avoit été précédemment accordée, & il exerça la Charge jusqu'au 6 Janvier 1701. jour de sa mort.

Michel Chamillart, déja Ministre d'Etat & Contrôleur Géneral des Finances, succéda au Marquis de Barbezieux, & au mois de Janvier 1707. il obtint sa survivance pour Michel Chamillart Marquis de Cany son fils, qui exerça la Charge conjointement avec ſon pere juſqu'au mois de Juin 1709. qu'ils furent diſgraciés.

Daniel-François Voiſin, depuis Chancelier de France, leur ſuccéda, & reſta pourvû de la Charge juſqu'en 1716. que par Edit du mois de Janvier elle fut ſupprimée; comme elle étoit chargée d'un Brevet d'Aſſurance de 400000 livres, M. d'Armenonville lui en fit le rembourſement, au moyen de quoi le Roi lui accorda un pareil Brevet ſur la Charge de Secretaire d'Etat qu'il avoit acheté de M. le Marquis de Torcy, chargé du Département des Affaires Etrangeres.

Le Département de la Guerre avoit paſſé en 1715. à la mort de

Louis XIV. des Secretaires d'Etat à un Conseil, qui fut pour lors établi pour la direction des affaires de la Guerre ; mais le 24 Septembre 1718. ce Département fut donné par Commission à Claude le Blanc, l'un des Conseillers de ce Conseil, qui fut disgracié au mois de Juillet 1723.

François-Victor le Tonnelier, Marquis de Breteuil, succéda à M. le Blanc aussi par Commission ; mais le 4 Octobre 1723. le Cardinal du Bois étant mort, il obtint des Provisions de la Charge de Secretaire d'Etat, qui avoit été créée au mois de Janvier précédent pour cette Eminence.

M. le Blanc fut rappellé le 13 Juin de l'année 1726. & pourvû de la Charge ſur la démiſſion de M. le Marquis de Breteuil ; il l'a poſſédée juſqu'à ſa mort arrivée le 19 Mai 1728.

Nicolas-Proſper Bauyn, Seigneur d'Angervilliers lui ſuccéda, & à ſa mort arrivée à Marly le Lundi 15 Fevrier 1740. M. le Marquis de Breteuil fut rétabli dans ſon ancien Département.

M. le Marquis de Breteuil étant mort d'apoplexie le 7 Janvier 1743. M. Marc-Pierre de Voyer Comte d'Argenſon, Miniſtre d'Etat, fut nommé le même jour pour lui ſuccéder, & en prêta ſerment le 8 entre les mains du Roi.

Département des Affaires Etrangeres.

Louis Potier, Seigneur de Gesvres, fut fait Secretaire d'Etat le 25. Février 1589. & en 1606. il fit pourvoir en survivance de sa Charge, Antoine Poitier, Seigne de Sceaux, son fils, qui l'exerça conjointement avec lui jusqu'au 13. Septembre 1621. qu'il mourut.

M. de Gesvres s'en démit le 15. Octobre 1622. en faveur de Nicolas Poitier, Seigneur d'Oguerre son neveu, qui mourut au mois de Septembre 1628.

Claude Bouthilier lui succeda le 29. Septembre 1628. & après avoir exercé la Charge jusqu'en

1632. il fut fait Surintendant des Finances.

Leon de Bouthilier, Seigneur de Chavigny, qui avoit eu sa survivance du Secretariat d'Etat le 18. Mars 1632. s'en démit le 23. Juin 1643. en faveur de Henri de Lomenie, Comte de Brienne, qui avoit été pourvû de la Charge de Secretaire d'Etat au Département de la Marine & de la Maison du Roi, le 12. Août 1615. en survivance d'Antoine de Lomenie son pere, & qui s'en étoit démis au mois de Février 1643. en faveur de M. du Plessis de Guenegaud, rentra dans le Secretariat par la démission de M. de Chavigny le 23. Juin de la même année, & passa du Département de la

Marine à celui des Affaires Etrangeres. Il s'en démit le 20. Avril 1663. en faveur de M. de Lionne, qui dès l'année 1658. avoit été nommé Miniſtre d'Etat.

Louis-Henri de Lomenie, Comte de Brienne, fils du précédent, avoit eu ſa ſurvivance le 24. Août 1651. mais comme il n'avoit alors que ſeize ans, il ne commença à exercer qu'en 1658. Il donna ſa démiſſion conjointement avec celle de ſon pere ledit jour 20. Avril 1663.

Hugues de Lionne, Seigneur de Berny, pourvû ſur les démiſſions de Meſſieurs de Brienne pere & fils*, obtint le 14. Février 1663. la ſurvivance de ſa Charge en faveur de Louis-Hugues de

Lionne, Marquis de Berny, ſon fils, qui s'en démit en 1671. après la mort de ſon pere.

Le Commerce & la Marine faiſoient partie de ſon Département; mais ils en furent diſtraits en 1669. pour les joindre à celui de la Maiſon du Roi, comme on le dira çi-après. Simon Arnaud Marquis de Pomponne, pour lors Ambaſſadeur en Suede, fut choiſi par le feu Roi pour ſuccéder à Meſſire de Lionne; il fut pourvû de la Charge de Secretaire d'Etat le 31 Octobre 1671. & en 1679. il en remit les Proviſions à Sa Majeſté, & vêcut dans la retraite juſqu'en 1691. qu'il fut rappellé en Cour en qualité de Miniſtre d'Etat.

Le 2 Janvier 1680. Charles Colbert, Marquis de Croissy, fut pourvû de sa Charge de Secretaire d'Etat, & en 1697. il en obtint la survivance pour Charles Colbert Marquis de Torcy son fils, qui s'en démit en 1716. en faveur de M. d'Armenonville.

Les Affaires Etrangeres passerent alors au Conseil établi au commencement de la Régence pour leur Direction, ainsi le Département ne suivit plus la Charge; mais le 24 Septembre 1718. l'Abbé du Bois, depuis Cardinal & premier Ministre, obtint une Commission de Secretaire d'Etat, avec le Département des Affaires Etrangeres; & au mois de Janvier 1723. le Roi créa pour lui une Charge de Secretaire d'Etat en titre d'Office, au moyen de quoi ces Charges se retrouverent dans leur ancien nombre de quatre.

Dans cette même année 1723. le Cardinal du Bois étant mort, sa Charge passa à M. le Marquis de Breteuil, qui étoit pour lors chargé par simple Commission du Département de la Guerre.

Le Département de la Marine, qui avoit été donné à M. d'Armenonville, fut réuni à M. le Comte de Maurepas.

Et M. le Comte de Morville, reçu en survivance de M. d'Armenonville son pere dès l'année 1721. eut le Département des Affaires Etrangeres, vacant par la mort du Cardinal du Bois.

Au mois d'Août 1727. Germain-Louis Chauvelin, Garde des Sceaux, & depuis Adjoint du premier Ministre, succeda au Comte de Morville, sur sa démission, au Département des Affaires Etrangeres.

Le 21. Février 1737. en la place de M. Chauvelin, Jean-Jacques Amelot, Intendant des Finances, fut pourvû de sa Charge de Secretaire d'Etat.

Le 26. Avril 1744. M. Amelot s'étant démis de sa Charge de Secretaire d'Etat, le Roi y nomma le 3. Novembre suivant M. de Villeneuve, Conseiller d'Etat, & ci-devant Ambassadeur à la Porte; & sur la priere qu'il fit à Sa Majesté de vouloir bien le dispenser de l'accepter, Elle y nomma le 18. du même mois de Novembre, René-Louis de Voyer, Marquis d'Argenſon, qui en prêta ſerment le 20. & qui l'exerce actuellement.

Département de la Maiſon du Roi & de la Marine.

Martin Ruzé, Seigneur de Beaulieu, Secretaire d'Etat le 15. Septembre 1588. mourut revêtu de la Charge le 6. Novembre 1613.

Antoine de Lomenie, qui avoit obtenu ſa ſurvivance le 4. Mars 1606. lui ſucceda, & exerça la Charge juſqu'au mois de Février 1643.

Henri-Auguſte de Lomenie,

Comte de Brienne, reçu le 12. Août 1615. en survivance de son pere, exerça la Charge jusqu'au mois de Février 1643. qu'il s'en démit en faveur de M. de Guenegaud; au mois de Juin suivant, il rentra, comme on l'a dit, dans le Secretariat par la démission de M. de Chavigny, & lui succeda dans le Département des Affaires Etrangeres.

Henri de Guenegaud, Seigneur du Plessis, succeda à M. le Comte de Brienne le 23. Février 1643. & exerça sa Charge jusqu'en 1668.

Jean-Baptiste Colbert succeda à M. de Guenegaud en 1669. on lui donna le Commerce & la Marine, qu'on retira du Département des Affaires Etrangeres, & on donna à M. de Lionne en dédommagement 4000 liv. d'augmentation d'appointemens, & les Provinces de Navarre, Bearn, Bigorre & Berry. M. de Colbert mourut le 6. Septembre 1683.

Jean-Baptiste Colbert, Marqui de Seignelay, qui avoit eu la survivance de son pere, lui succeda, & remplit la Charge & le Département jusqu'au 3. Novembre 1690. jour de sa mort.

Louis de Phelipeaux, Seigneur de Pontchartrain, depuis Chancelier de France, lui succeda, & en 1693. il fit pourvoir en survivance de sa Charge de Secretaire d'Etat, Jerôme de Phelipeaux, Comte de Pontchartrain son fils, qui l'a exercé jusqu'en 1715.

Il fut pour lors établi un Conſeil particulier pour la direction des Affaires de la Marine, de maniere que Jean-Frederic Phelipeaux, Comte de Maurepas, pourvû de la Charge du Comte de Pontchartrain ſon pere, ſur ſa démiſſion, n'eut pour Département que la Maiſon du Roi & le Clergé.

Joſeph-Jean-Baptiſte Fleuriau, Seigneur d'Armenonville, depuis Garde des Sceaux, avoit acheté la Charge de M. de Torcy en 1716. Il eut par la ſuite le Département de la Marine, & en obtint en 1721. la ſurvivance pour Charles-Jean-Baptiſte de Fleuriau ſon fils, qui a rempli la Charge & le Département juſqu'en 1723. que le Cardinal du Bois étant mort, l'ordre des Départemens fut rétabli, celui des Affaires Etrangeres retourna à M. le Comte de Morville, comme une annexe de la Charge qu'il avoit eu de M. le Marquis de Torcy, & celui de la Marine fut rendu à M. le Comte de Maurepas, qui le remplit actuellement.

Département de l'intérieur du Royaume.

Pierre Forget, Seigneur de Fresne, reçu Secretaire d'Etat le 22. Février 1589. exerça cette Charge jusqu'au 10. Avril 1610. qu'il s'en démit en faveur de Paul Phelipeaux, Seigneur de Pontchartrain, qui exerça jusqu'au 20. Octobre 1621. jour de sa mort.

Remont Phelipeaux, Seigneur d'Herbault son frere, lui succeda par Provisions du 5. Novembre 1621. & mourut le 2. Mai 1629.

Louis Phelipeaux, Seigneur de la Vrilliere, fils de Remond, fut pourvû de sa Charge le 17. Juin 1629. & en obtint la survivance le 15. Avril 1654. en faveur de Louis Phelipeaux, Baron d'Hervy son fils, qui mourut en 1669.

Balthazard Phelipeaux, Marquis de Châteauneuf, frere du Baron d'Hervy, lui succeda, & mourut le 27. Avril 1700.

Louis Phelipeaux, Marquis de la Vrilliere son fils, fut pourvû de sa Charge le 28. Avril 1700. & l'exerça jusqu'au jour de sa mort, arrivée à Fontainebleau le 7. Septembre 1725.

Louis Phelipeaux, Comte de Saint-Florentin son fils, lui a succedé, & exerce actuellement la Charge.

FIN.

www.ingramcontent.com/pod-product-compliance
Lightning Source LLC
LaVergne TN
LVHW012350220826
846092LV00002B/502

9782016163986